Gry Clasen und Torkild Bisgaard

T0118552

Dansk nu

Übungen

AARHUS UNIVERSITY PRESS

Copyright: Aarhus University Press, 1991
Tegninger af Bjerne Johansen
Tryk: Kurt Nielsen Offset
ISBN 87 7288 303 0

Übungen

Aufgabe A

Verben und interrogative Pronomen einfügen:

: _____ kender Eva?

: Eva _____ Peter.

: _____ er Peter fra?

: Peter _____ fra Sjælland.

: _____ laver Eva?

: Eva _____ på en fabrik.

: Jeg heddder Jan. _____ hedder du?

: Jeg _____ Anna.

: Jeg _____ på universitetet. _____ laver du?

: Jeg arbejder i en bank.

: _____ bor du?

: Jeg _____ i Århus.

: _____ laver du?

: Jeg _____ en roman.

: Hvad _____ den.

: "Agent 007".

: Ole _____ til Århus.

: _____ ligger Århus?

: I Østjylland.

: _____ kender Ole i Århus?

: Maria.

: _____ laver Maria?

: Maria _____ musik.

: Jeg _____ til Esbjerg.
: Hvem _____ du i Esbjerg?
: Lisa.
: _____ er Lisa fra?
: Sydeuropa.

Aufgabe B

jeg, du, den, det *einfügen:*

: Hvad skriver _____?
: _____ skriver en roman.
: Hvad hedder _____?
: "På et hotel i Paris". Hvad laver _____?
: _____ laver et bord.
: Hvad koster _____?
: _____ koster 200 kr.

: Hvor ligger æblet?
: _____ ligger på bordet.
: Hvor er bogen?
: _____ er i tasken.

en bog, en fabrik *oder* den *einfügen:*

: Jeg læser _____.
: Hvad handler _____ om ?
: _____ handler om _____ i Odense.
: Hvad hedder _____?
: Den hedder "_____".

Einfügen et lånerkort, et bibliotek *oder* den:

: Susanne har _____.
: Hvor bruger Susanne _____?
: Susanne bruger _____ på et bibliotek i Århus.
: Hvad hedder _____?
: _____ hedder Statsbiblioteket.

Die korrekte Form der Wörter einfügen:

: Peter kender _____ (en historie).
: Hvad handler _____ om (en historie)?
: Om en hare og et pindsvin.
: _____ har _____ (en hare, en knallert).
: _____ har _____ (et pindsvin, en cykel).
: Hvem kører på _____ (knallerten)?
: _____ kører på _____ (en hare, en knallert).
: _____ kører på _____ (et pindsvin, en cykel).

Aufgabe C

Interrogative und possessive Pronomen einfügen:

: _____ er bogen?

: Det er _____.

: _____ er uret?

: Det er _____.

: _____ er cassettebåndet?

: Det er _____.

: _____ er suppen?

: Det er _____.

: Jeg har en bil.

: _____ kører _____ bil?

: _____ mor kører bilen.

: _____ laver _____ far?

: Han snakker.

: _____ snakker han med?

: _____ mor.

: Det er _____ cassettebåndoptager.

: _____ bånd har du?

: Et.

: _____ bånd?

: Det er et bånd med Sebastian.

: Hvor er cyklen?

: _____ cykel?

: _____ cykel!

: Nåe, _____ cykel er ved stationen.

Aufgabe D

In die Fragen Verbum und han/ham *einfügen:*

: _____ du en søster?
: Nej, jeg har en bror.
: _____ det Gabriel Axel?
: Hvem er _____?
: _____ laver film.
: Nej, min bror er Bille August. Kender du _____?
: Ja, er _____ din bror?
: Ja.

Einfügen hun/hende:

: Jeg bor sammen med min kæreste.
: Hedder _____ Christina?
: Ja, kender du _____?
: Ja, _____ er min fysioterapeut.

Stelle Fragen zu den nachstehenden Antworten:

_____

Ja, jeg kender ham.

_____

Ja, det er min blyant og mit viskelæder.

_____

Ja, jeg har en bror.

_____

Nej, jeg taler engelsk og fransk.

_____

Nej, hun læser medicin.

_____

Nej, han arbejder ikke på en café.

7

Stelle Fragen mit einem hv-Wort oder einem Verb:

_____

Nej, hun bor sammen med Peter.

_____

Peter læser sammen med Katrine.

_____

Ja, min nabo hedder Christina.

_____

Claus spiller bordtennis.

_____

Nej, han arbejder på en café.

_____

Jeg kender ham fra skakklubben.

Aufgabe E

ikke/også *mit* ∨ einfügen:

Jeg studerer.
Hun kender ham.
Peter drikker rødvin.
Han hedder Rasmus.

In die Fragen mit ∨ ikke/også *einfügen*:

Arbejder du på universitetet?
Jo, jeg gør.

Kører du i Volvo?

Ja, jeg gør.

Studerer du dansk?

Jo, jeg gør.

Drikker du kaffe?

Ja.

In die Fragen ikke *einfügen und diese beantworten:*

Zum Beispiel: Læser du en roman?
Nej, jeg læser ikke en roman.

Går du på universitetet?

Spiller du fodbold i ferien?

Sover du på diskotek?

Drikker du i bilen?

Skriver du en roman?

Hedder din søster Anna?

Aufgabe F

vi, I, de *einfügen:*

: _____ har en datter og en søn.

: Hvad laver _____ ?

: _____ går på universitetet.

: Hvad studerer _____?

: _____ studerer geografi og datalogi. Hvad studerer I?

: _____ studerer ikke, _____ arbejder.

: Er børnene sammen på Inter-Rail?

: Ja, _____ rejser sammen.

: Hvad laver _____?

: _____ går på cafeer og drikker rødvin. Hvad laver _____?

: _____ læser og skriver.

: Hvad skriver _____?

: _____ skriver breve.

Plural von 'et æble' *einfügen:*

: Hvad laver du?

: Jeg sidder og spiser _____.

: Hvor er _____ fra?

: _____ er fra Fyn.

Plural von 'en avis' *einfügen:*

: Hvad læser du?

: 2 _____.

: Hvad hedder _____.

: _____ hedder "Information" og "Politiken".

Plural von 'en by', 'et problem' *einfügen:*

: Hvor bor din mor og far?

: De bor i 2 _____.

: Hvad hedder _____?

: Skanderborg og Esbjerg.

: Bor de ikke sammen?

: Nej, de har _____.

Aufgabe G

Adjektive, die zum bestimmten Singular passen, einfügen:

Den _____ bog ligger på bordet.

Jeg spiser den _____ banan.

Det _____ hus ligger ved stationen.

Vi elsker det _____ vejr.

I synger den _____ sang.

Politiet tager det _____ pas.

Adjektive, die zum bestimmten/unbestimmten Singular passen, einfügen:

Hvad har du i den _____ taske (gammel).

Jeg har en _____ øl og et _____ æble (kold, dårlig).

Har du ikke en _____ bog (god)?

Nej, jeg har en _____ radio (ny).

Jeg har en _____ kæreste (ny).

Er din _____ kæreste _____ (ny, smuk)?

Nej, men hun har et _____ hus (god).

Hvad koster det _____ hus (gul)?

Det er _____. Det koster 690.000 kroner (billig).

Er det _____ (stor)?

Nej, det er _____ (smuk).

Nå, hvad koster det _____ hus (rød)?

Det er _____. Det koster 900.000 kroner (dyr).

Aufgabe H

Adjektive in den bestimmten/unbestimmten Singular einfügen:

: Jeg sidder i min _____ sofa (gammel).

: Hvorfor sidder du ikke i den _____ sofa(ny)?

: Fordi den er _____ , og jeg er _____(kold, træt).

: Er den _____ sofa _____ (gammel, varm)?

: Ja, og jeg har også et _____ tæppe (varm).

: Er tæppet også _____ (gammel)?

: Hvorfor?

: Fordi det er _____ (brun).

: Er det _____ (umoderne)?

: Ja.

...DEN LILLE BIL ER MIN !

: Jeg har et _____ æble (grøn).

: Har du også et _____ æble (rød)?

: Ja, det _____ æble ligger i tasken (rød).

: I hvilken taske?

: Det ligger i den ___ taske i den ___ bil(hvid, lille).

: Har du også en _____ bil (stor)?

: Nej, men den _____ bil er _____ (lille, god).

Einfügen hvorfor, hvornår:

: Jeg går nu.

: _____ går du?

: Fordi jeg skal på universitetet.

: _____ kommer du hjem?

: Klokken 18. _____ spørger du?

: Fordi jeg laver mad i aften.

: _____ laver du mad?

: Fordi jeg er sød.

Aufgabe I

Adjektive, die zum Plural passen, einfügen:

: Har du børn?

: Ja, jeg har 2 _____ børn.

: Hvorfor er de _____ ?

: Fordi de har _____ forældre.

: Hvem har _____ mus?

: Det har Peter.

: Hvor er de?

: De _____ mus er i din _____ taske.

: Hvorfor spiser du ikke _____ pølser?

: Fordi _____ pølser er _____.

: Hvorfor drikker du ikke _____ sodavand?

: Fordi _____ sodavand er også _____.

: Hvorfor er pølser og sodavand ikke _____ ?

: Pølser og sodavand er O.K. Farverne er _____!

: Han har _____ bananer.

: Hvad koster de _____ bananer?

: 10 kroner for 3.

: De er _____.

: Nej, de er _____.

: Hvad koster de _____ vindruer?

: De er _____ og _____.

: Ja, men hvad koster de?

: De er _____. De koster 18 kroner for et halvt kilo.

Aufgabe K

Schreibe Gespräche zu einer der nachstehenden Zeichnungen:

Aufgabe L

Adverbien einfügen:

1. Hun spiser en varm kage (også).
2. Han cykler på arbejde (måske).
3. Katrine arbejder på en fabrik (ikke).
4. Claus spiller i klubben (altid).
5. Studenten kommer klokken 9 (aldrig).

Passende Adverbien einfügen:

1. Han læser i morgen.
2. Hun har 3 små kager.
3. Han har en video.
4. De rejser på ferie.
5. Jeg drikker en øl.

Adverbien einfügen:

1. Vi vil gerne flytte til et varmt land (gerne).
2. De vil købe en billig radio (kun).
3. Jeg kan læse i dag (ikke).
4. Du må komme i aften (godt).
5. Peter og Claus skal cykle i biografen (måske).

Passende Adverbien in Fragen und Antworten einfügen:

1. Kan du kende min mor?

   Jo, jeg kan kende hende.

2. Må vi se dit hus?

   Jo, I må komme i morgen.

3. Vil I spille "Fingeren på pulsen"?

   Vi kan spille jazz.

4. Skal du arbejde på lørdag?

   Nej, jeg skal arbejde på søndag.

5. Hvorfor skal du arbejde?

   Fordi jeg kan lide mit arbejde.

Grammatik

Substantive
>Singular/Plural - unbestimmt/bestimmt

Adjektive
>Singular/Plural - unbestimmt/bestimmt
>bestimmter Singular
>irreguläre Adjektive

Pronomen
>persönliche
>possessive
>interrogative

Verben
>Infinitiv
>Präsens
>Modalverben
>andere Tempora

Hauptsätze
>Struktur
>Position der Adverbien
>Fragen

Adverbien

Präpositionen
>Allgemeine Präpositionen
>Präpositionen (Zeit und Ort)

Substantive

Substantive haben folgende Merkmale:
- *Singular und Plural*
- *unbestimmt und bestimmt*
- *zwei Artikel:* en *(n-Wörter) und* et *(t-Wörter)*

SINGULAR	UNBESTIMMT	BESTIMMT
	en blyant	blyanten
	et universitet	universitetet
	en stol	stolen
	et hus	huset
	en film	filmen
	et pindsvin	pindsvinet

PLURAL	UNBESTIMMT	BESTIMMT
	blyanter	blyanterne
	universiteter	universiteterne
	stole	stolene
	huse	husene
	film	filmene
	pindsvin	pindsvinene

Substantive können in 3 Gruppen aufgeteilt werden, welche im Plural verschiedene Endungen aufweisen:

1. Wörter, die mit -er im unbestimmten Plural enden.
Beispiele: piger, blyanter, kroner, kvinder, tasker.
Dies sind oft Wörter, die im unbestimmten Singular aus zwei oder mehreren Silben bestehen, es besteht jedoch keine generelle Regel.

2. Wörter, die im unbestimmten Plural mit -e enden.
Beispiele: drenge, borde, stole, senge.
Fast alle Wörter in dieser Gruppe bestehen im unbestimmten Singular nur aus einer Silbe.

3. Wörter, die im unbestimmten Singular und Plural gleich sind.
Beispiele: glas, fjernsyn, æg, år, pas.

Formulierung:

Singular: Jeg synger en sang. Sangen hedder "Fingeren på pulsen".
Jeg køber et æble. Æblet koster 2 kroner.

Plural: Jeg køber citroner. Citronerne koster 10 kroner.
             Vi har 2 huse. Husene ligger i Frankrig.
             Han ser film. Filmene går i biografen.

Andere Beispiele in den Aufgaben B und F.

Adjektive

Adjektive haben folgende Merkmale:
- Singular und Plural
- unbestimmt und bestimmt

Die Endung der Adjektive richtet sich nach dem Geschlecht der Substantive, die sie beschreiben oder bestimmen.

*Wenn das Adjektiv **vor** dem Substantiv steht:*

	SINGULAR		PLURAL	
UNBESTIMMT	BESTIMMT		UNBESTIMMT	BESTIMMT
en stor taske	den store taske		store tasker	de store tasker
et stort hus	det store hus		store huse	de store huse
en god film	den gode film		gode film	de gode film

	SING.		PLUR.	
en		e	e	e
et	t	e	e	e

Formulierung:

Den store taske står på bordet.
Peter bor i det store hus.
Han ser kun gode film.

Andere Beispiele in Aufgabe G.

*Wenn das Adjektiv **hinter** dem Substantiv steht:*

en taske er stor/ tasken er stor/ tasker er store/ taskerne er store
et hus er stort/ huset er stort/ huse er store/ husene er store
en film er god/ filmen er god/ film er gode/ filmene er gode

	SING.		PLUR.	
en			e	e
et	t	t	e	e

Formulierung:

Tasken er stor.
Huset er stort.
Filmene er gode.

Andere Beispiele in Aufgabe G.

ADJEKTIVE IM BESTIMMTEN SINGULAR

Besondere Aufmerksamkeit ist auf Adjektive im bestimmten Singular zu richten. Die Adjektive haben verschiedene Endungen, abhängig davon, ob sie vor oder nach dem Substantiv stehen.

Vor:	den store pige	*Nach:*	Pigen er stor
	det store hus		Huset er stort
	den gode film		Filmen er god

Andere Beispiele in Aufgabe H.

Im Plural enden die Adjektive immer auf -e.

IRREGULÄRE ADJEKTIVE

1. *Irreguläre Adjektive, die immer die gleiche Form haben. Es handelt sich oft um Wörter, die mit* -e *enden.*

Beispiele: lille, moderne

Formulierung: Kvinden bor i et lille hus.
                       Det er en moderne bil.

Lille *ist auch im Plural irregulär:*

            et lille barn, det lille barn, små børn, de små børn

2. *Irreguläre Adjektive, die im bestimmten Singular und Plural kontrahiert sind*

Beispiele: gammel, gamle
                    sulten, sultne

Formulierung: Det er en gammel mand. Den gamle mand hedder Alexander.
                   De sultne børn får mad.

3. Irreguläre Adjektive mit Endungen -t und -sk enthalten kein weiteres -t in t- wörtern.

Beispiele:	interessant, sort, dansk.
Formulierung:	Det er et interessant museum.
	Han har et sort fjernsyn.
	Et dansk produkt er godt.

Dies sind nur einige der dänischen irregulären Adjektive.

Pronomen

PERSÖNLICHE PRONOMEN

Nominativ	*Akkusativ*	
(Subjekt)	*(Objekt)*	
jeg	**mig**	
du	**dig**	
han	**ham**	*singular*
den	**den**	
det	**det**	
vi	**os**	
I	**jer**	*plural*
de	**dem**	

POSSESSIVE PRONOMEN

min/mit/mine	
sin/dit/dine	
sin/sit/sine	*singular*
hans/hendes	
dens	
dets	
vores	
jeres	*plural*
deres	

In Sätzen:	Det er min bil (en bil)
	Det er mit æble (et æble)

*Die **fettgedruckten Pronomen** sind in den nachfolgenden Dialog-Texten enthalten. Andere beispiele in Aufgabe C.*

INTERROGATIVE PRONOMEN

Wörter beginnend mit hv- *(entsprechend deutschen Fragewörtern 'w-Wörter').*

hvad *deutet auf Dinge und Zeit hin:*	Hvad er det? Det er en stol.
	Hvad er klokken? Den er 4.
hvor *deutet auf Ort/Raum hin:*	Hvor bor du? Jeg bor i Odense.
hvem *deutet auf Personen hin:*	Hvem er det? Det er Peter.
hvis *ist der Genetiv von* hvem:	Hvis bog er det? Det er Evas.
hvor meget *bezieht sich auf Menge:*	Hvor meget koster bogen?
hvor mange *bezieht sich auf Anzahl:*	Hvor mange æbler har du?
hvornår *bezieht sich auf Zeitpunkt:*	Hvornår kommer du?

hvilken *wird in Verbindung mit 'n-Wörtern' im Singular benutzt:*
Hvilken bog læser du?

hvilket *wird in Verbindung mit 't-Wörtern' im Singular benutzt:*
Hvilket hus bor du i?

hvorfor *wird in Verbindung mit einer Erklärung benutzt. Sehr oft beginnen die Antwortsätze mit* fordi *(weil):* Hvorfor vil du ikke besøge mig? Fordi jeg skal læse.

Andere Beispiele in den Aufgaben A,C und H.

SUBSTANTIVE, ADJEKTIVE UND PRONOMEN HABEN GLEICHE ENDUNGEN

en	et
bilen	huset
den	det
min	mit
din	dit
hvilken	hvilket
nogen	noget
grøn	grønt

Obige Beispiele beleuchten das System, können jedoch nicht als ausreichend angesehen werden. Es sind auch verschiedene Ausnahmen von der Regel vorhanden.

Verben

Die Formen der Verben sind verschieden

- *im Infinitiv*
- *im Präsens*

IM INFINITIV enden sie in den meisten Fällen mit -e.

IM PRÄSENS enden sie immer mit -r, gleichgültig, ob
- *die Handlung von einer oder mehreren Personen ausgeführt wird*
- *ein oder mehrere Dinge einbezogen werden*
- *Präsens, Futur oder eine Generaliserung angedeutet wird:*

jeg læser
du læser
han/hun læser
vi læser
I læser
de læser

jeg ligger
du ligger
han/hun ligger
den/det ligger
vi ligger
I ligger
de ligger

Infitiv	*Präsens*
at lave	laver
at arbejde	arbejder
at hedde	hedder
at læse	læser
at komme	kommer
at ligge	ligger
at være	er
at have	har
at bo	bor
at gå	går
at få	får

In Sätzen:

Eva kommer fra Sydeuropa.
Peter læser litteratur.
Eva arbejder på et posthus.
Peter er fra Esbjerg.
Eva har en cykel.
Posthuset ligger i København.
Peter og Eva synger en sang.

MODALVERBEN

- ville
- kunne
- skulle
- måtte

Nach einem Modalverb folgt immer ein Infinitiv, jedoch ohne 'at' sofern die Wahl zwischen verschiedenen Arten von Handlungen steht.

Beispiele: Han vil spise mad.
          Han vil lave mad.
          Han vil købe mad.

          Hun vil købe kjolen.
          Hun vil lave kjolen.
          Hun vil vaske kjolen.

Sofern keine Wahl der Handlung vorliegt (d.h. wenn nur eine Art Handlung möglich ist), ist der Infinitiv nicht erforderlich.

Beispiele: Han skal til København.
          Han vil i biografen.

In einem Satz, der ein Modalverb enthält, steht das Adverb unmittelbar hinter dem Modalverb. Mit anderen Worten: das Adverb bestimmt das Modalverb.

Beispiele: Han vil ikke spise.
          Han vil kun spise chokolade.

Das <u>*Futur*</u>*: Die Modalverben* (ville, skulle) *können die Zukunft ausdrücken.*

DIE BEDEUTUNG DER MODALVERBEN

Mit den Modalverben ist es möglich, besonders geartete Geschehen auszudrücken.

<u>at ville</u> *drückt* **wollen** *oder* **wünschen** *aus.*

Wollen:
Beispiel: Jeg vil gå.

Wünschen:
Wenn 'ville' einen Wunsch ausdrückt, wird oft das Wort 'gerne' im Satz hinzugefügt.
Beispiel: Jeg vil gerne gå.

<u>at kunne</u> *drückt* **Fähigkeit** *oder* **Möglichkeit** *aus.*

Fähigkeit:
Beispiel: Pigen kan ikke gå, hun er kun 2 måneder.

Möglichkeit:
Beispiel: Du kan gå i supermarkedet i morgen.

Falls 'kunne' eine Möglichkeit ausdrückt, wird oft das Wort 'godt' hinzugefügt.
Beispiel: Jeg kan godt gå på diskotek, jeg er 18 år gammel.

<u>at skulle</u> *drückt* **einen Auftrag/Befehl** *oder* **eine Notwendigheit** *aus.*

Befehl:
Beispiel: Du skal gå

Notwendigkeit:
Beispiel: Jeg skal gå nu, min bus kører klokken 6.

<u>at måtte</u> *drückt* **Erlaubnis/Genehmigung** *oder* **Notwendigkeit** *aus:*

Erlaubnis:
Falls 'måtte' auf Erlaubnis hindeutet, wird oft 'gerne' oder 'godt' hinzugefügt.
Beispiel: Han må gerne gå *oder* Han må godt gå.

Notwendigkeit:
Beispiel: Du må gå nu, min mand kommer.

Andere Beispiele in Aufgabe K.

DIE ANDEREN ZEITFORMEN

In den gesprächen benutzen wir ausschliesslich Infinitiv, Präsens und Modalverben.

DAS PRÄTERITUM (die Vergangenheit)

Hier existieren drei Gruppen von Verben mit verschiedenen Formen:

1. Verben, die mit -ede oder -de enden.
Beispiele: boede, lavede, arbejdede

2. Verben, die mit -te enden
Beispiele: kørte, læste

3. Irreguläre Verben.
Beispiele: hed, lå

DAS PERFEKTUM und DAS PLUSQUAMPERFECTUM wird mit den Modalverben 'at have' und 'at være' gebildet.

Beispiele: har arbejdet - havde arbejdet
    har kørt - havde kørt (5 km.)
oder: er kørt - var kørt (væk)
    har ligget - havde ligget

Das Perfektum bezieht sich auf das Präsens.
Das Plusquamperfektum bezieht sich auf das Präteritum.

DAS FUTURUM hat in der dänischen Sprache keine spezielle Form. Es wird durch Präsens oder Modalverben ausgedrückt.

Beispiele: Jeg rejser til København i morgen.
    Jeg skal rejse til København i morgen.
    Jeg vil rejse til København i morgen.

Hauptsätze

DIE STRUKTUR DER HAUPTSÄTZE ist wie folgt:
Subjekt, Verb, Objekt/präpositionale Bestimmung (Redewendung)

Beispiele: Jeg drikker kaffe.
Jeg arbejder i ferien.

Das Adverb steht hinter dem Subjekt-Verb oder hinter dem Verb-Subjekt (bei Fragen).

Beispiele: Jeg spiser ikke bøf.
Kører han ikke Skoda?

In einem Hauptsatz, der ein Modalverb enthält, steht das Adverb hinter dem Subjekt-Modalverb oder hinter dem Modalverb-Subjekt.

Beispiele: Jeg kan ikke spise.
Kan han ikke komme i aften?

Andere Beispiele in Aufgabe E.

DIE POSITION DES ADVERBS IN HAUPTSÄTZEN

Das Adverb steht hinter dem Subjekt-Verb oder hinter dem Verb-Subjekt (bei Fragen).

Beispiele: Jeg spiser ikke bøf.
Pigen er altid træt.

Kører han ikke Skoda?
Kommer hun også på torsdag?

In Sätzen, die Modalverben enthalten, steht das Adverb hinter dem Subjekt-Modalverb oder hinter dem Modalverb-Subjekt.

Beispiele: Jeg kan ikke spise.
Jeg vil gerne på café.
Vi kan godt gå nu.

Kommer han ikke i aften?
Skal vi også på café.

Andere Beispiele in Aufgabe E.

Bei einer Frage steht das Verb an zweiter Stelle

Beispiele: Hvad hedder du? Jeg hedder Peter.
Hvornår kommer du? Jeg kommer i morgen.

oder das Verb leitet eine Frage ein

Beispiele: Er han dansker? Nej, han er svensker.
Har du bil? Ja, jeg har bil.
Kommer du i morgen? Ja, jeg gør.
Skal du på universitetet? Ja, jeg skal.

Fragen, die mit einem Verb beginnen, fordern in der Antwort ja/nej.

Das negierende Adverb ist oft in Fragen enthalten.

Beispiele: Har du ikke en datter? Jo, jeg har en datter.
Har du ikke en bil? Nej, jeg har ikke en bil.
Har du ikke et hus? Nej, jeg har en lejlighed.

Eine Frage dieser Art wird mit jo/nej *beantwortet.*
Bei allen anderen Adverbien ist die Antwort ja/nej.

Andere Beispiele in Aufgabe E.

Adverben

Die meist gebräuchlichen Adverbien sind: ikke, måske, også, kun, igen, gerne, aldrig, altid.
Diese Adverbien haben immer die gleiche Form.

Beispiele: Jeg har ikke en fodbold.
Peter har ikke arbejde, han studerer.
Drengen kommer måske i morgen.
Pigen skal også læse.
Eva låner en blyant, hun vil også låne et stykke papir.
Manden har kun 5 kroner.
Alexander vil gerne have et stykke brød.
Anna er altid træt, hun vil altid sove.
Peter er aldrig træt, han er frisk.

Andere Beispiele in Aufgabe L.

Präpositionen

Es ist schwierig, ein genaues System in Bezug auf die Anwendung der Präpositionen in der dänischen Sprache darzulegen. Es ist notwendig, diese von Fall zu Fall zu lernen.

Die meist gebräuchlichen Präpositionen sind:
på - i - til - fra - om - ved - af - med

på
i   *werden in Verbindung mit* **Zeit** *und* **Ort** *benutzt*
til

Beispiele: Han går på universitetet *(Ort)*.
           Han kommer på søndag *(Zeit)*.
           Peter bor i København *(Ort)*.
           Han er i Danmark i 2 år *(Ort/Zeit)*.
           Han rejser til Ålborg *(Ort)*.
           Hun kommer til sommer *(Zeit)*.
           Bogen handler om en hare og et pindsvin.
           Hoteller ligger ved stationen.
           Peter er søn af Karen.
           Helle bor sammen med Niels.

Wörterverzeichnis

adjektiv, et	Adjektiv
adverbium, et	Adverb
af	von, aus, durch, an, vor, für, nach
aften, en	Abend
aldrig	nie, nimmer
altid	immer
appelsin, en	Apfelsine, Orange
april	April
aprilsvejr	Aprilwetter
arbejde, at	arbeiten
arbejde, et	Arbeit
arbejdsværelse, et	Arbeitszimmer
at	dass, zu
august	August
avis, en	Zeitung
bad, et	Bad
badeværelse, et	Badezimmer
banan, en	Banane
bank, en	Bank
barn, børn	Kind, Kinder
begynde, at	beginnen
besvare, at	beantworten
bibliotek, et	Bibliothek
bil, en	Auto, Auotomobil
billede, et	Bild
billig	billig
biograf, en	Kino
blive, at	bleiben
blomst, en	Blume
blyant, en	Bleistift
bog, en	Buch
bo, at	wohnen
bord, et	Tisch
bordtennis	Tischtennis
bordtennisklub	Tischtennisklub
brev, et	Brief
brik, en	Stein, Figur
bror, en	Bruder
bruge, at	brauchen, gebrauchen, benutzen

brun	braun
brød, et	Brot
bus, en	Bus, Autobus
butikscenter, et	Verkaufszentrum, Schoppingcenter
by, en	Stadt, Ortschaft
bøf, en	Beefsteak
bånd, et	Band, Reifen
båndoptager, en	Tonbandgerät
café	Café
cassettebåndoptager, en	Kassettenrecorder
cassettebånd, et	Kassettenband
centrum, et	Zentrum
chokolade, en	Schokolade
cigaret, en	Zigarette
citron, en	Zitrone
computer, en	Computer, Datenverarbeitungsanlage
cykel, en	Fahrrad
dag, en	Tag
dame, en	Dame
danse, at	tanzen
dansk	dänisch
dansker, en	Däne
datalogi, en	Datalogie
datter, en	Tochter
de	sie
definit	definit, bestimmt
den	der, die, das, er, sie, es
design, et	Design, Formgebung
det	das, es
dreng, en	Junge
drikke, at	trinken
du	du
dyr	Tier
dårlig	schlecht
efter	nach
eksempel, et	Beispiel
eller	oder
elske, at	lieben
en	ein, eine, ein
er	ist [Präsens von at være = sein]
et	ein, eine, ein

fabrik, en	Fabrik
far, en	Vater
farve, en	Farbe
feber, en	Fieber
ferie, en	Urlaub, Ferien
film, en	Film
filosofi, en	Philosophie
fisk, en	Fisch
fjernsyn, et	Fernsehen, Fernseher
flytte, at	umziehen, umsiedeln
fløjte, at	pfeifen, flöten
fløjtekoncert, en	Pfeifkonzert, Bläserkonzert
fodbold, en	Fussball
for	vor, für
fordi	weil
foregå, at	vorgehen
form, en	Form
formel, en	Formel
forældre, en	Eltern
fra	von, aus, ab
fransk	französisch
franskbrød, et	Weissbrot
frisk	frisch
frugt, en	Frucht
fysioterapeut, en	Physioterapeut/in, Masseur/Masseuse
før	vor, ehe, bevor
få, at	bekommen, erhalten
gade, en	Strasse
gammel	alt
geografi, en	Geographie
gerne	gern
glad	froh, fröhlich
glas, et	Glas
god	gut
grammatikhæfte, et	Grammatikheft
grim	hässlich
grøn	grün
guitar, en	Gitarre
gul	gelb
gøre, at	machen
gå, at	gehen
halv	halb
ham	er, ihn (der, den)

han	er, der
handelshøjskole, en	Handelshochschule
handle, at	handeln, wirken
handle om, at	handelt von, dreht sich um
har	habe, hast, hat, haben
	[Präsens von at have = haben]
hare, en	Hase
have, at	haben
hedde, at	heissen
hel	ganz
hende	sie, ihr
her	hier
historie, en	Geschichte
hjem	nach Hause (gehen)
hotel, et	Hotel
hovedbanegård, en	Hauptbahnhof
hun	sie
hus, et	Haus
hv-ord	'w-Wörter'
hvad	was
hvem	wer
hvid	weiss
hvilken	welcher, welche, welches
hvilket	welcher, welche, welches
hvis	wenn, falls, wessen
hvor	wo
hvorfor	weshalb, warum
hvornår	wann
hæfte, et	Heft
høre, at	hören
igen	wieder
ikke	nicht
indefinit	indefinit, unbestimmt
indlede, at	einleiten, eröffnen
indsætte, at	einsetzen
interessant	interessant
interrail	Interrail
ironisk	ironisch
irregulær	irregulär
ja	ja
jakke, en	Jacke
jeg	ich
jo	ja

kaffe, en	Kaffee
kage, en	Kuchen, Törtchen, Gebäck
kan	kann, kannst, können, könnt
	[Präsens von at kunne = können]
kanariefugl, en	Kanarievogel
kartoffel, en	Kartoffel
kat, en	Katze
kedelig	langweilig
kende, at	kennen
kilo, et	Kilogramm
kjole, en	Kleid
klaver, et	Klavier
klinik, en	Klinik
klog	klug
klokke, en	Glocke, Uhr
klub, en	Klub
knallert, en	Motorfahrrad, Moped
kniv, en	Messer
kold	kalt
komme, at	kommen
kommunist, en	Kommunist
kop, en	Tasse
kort, et	Karte
koste, at	kosten
krone, en	Krone
kuglepen, en	Kugelschreiber
kun	nur
kunne, at	können
kursus, et	Kursus
kvinde, en	Frau
kælder, en	Keller
kæreste, en	Braut, Bräutigam, Liebste(r)
købe, at	kaufen
kød, et	Fleisch
køkken, et	Küche
køleskab, et	Kühlschrank
kørekort, et	Führerschein, Fahrausweis
køre, at	fahren
land, et	Land
lave, at	machen
lejlighed, en	Wohnung
let	leicht
lide, at	leiden

ligge, at	liegen
lille	klein
litteratur, en	Literatur
lun	lau(warm), weich und warm
lys	hell
lyserød	hellrot, rosa
lærer, en	Lehrer
læse, at	lesen
lørdag, en	Sonnabend, Samstag
låne, at	leihen, borgen
lånerkort, et	Buchleihkarte
mad, en	Essen und Trinken
mand, en	Mann
mandag, en	Montag
mange	viele
med	mit
medicin, en	Medizin
melodi, en	Melodie
men	aber
mikrofon, en	Mikrophon
min	mein, meine
mit	mein
moderne	modern
mor, en	Mutter
morgen, en	Morgen
motor, en	Motor
mus, en	Maus
musik, en	Musik
musikcafé, en	Musikcafé
mælk, en	Milch
mørk	dunkel
mørkerød	dunkelrot
må	darf, muss, soll
	[Präsens von at måtte = dürfen, müssen, sollen]
måske	vielleicht
måtte, at	dürfen, müssen, sollen
nabo, en	Nachbar
nationaløkonomi, en	Nationalwirtschaft, Volkswirtschaft
natteliv, et	Nachleben
navn, et	Name
nej	nein
nogen	einige
noget	etwas

norsk	norwegisch
novelle, en	Novelle
nu	jetzt
ny	neu
og	und
også	auch
om	um, in, von, über, auf
onsdag, en	Mittwoch
op	auf, herauf, hinauf
ord, et	Wort
ost, en	Käse
over	über
papir, et	Papier
papirspose, en	Papiertüte
pas, et	Pass
passende	passend, angemessen
PC'er	Personalcomputer
personlig	persönlich
pige, en	Mädchen
pindsvin, et	Igel
plads, en	Platz
pluralis	Plural
politi, et	Polizei
politik, en	Politik
politisk	politisch
polsk	polnisch
possessiv	Possessivum, Possesiv
posthus, et	Post, Postamt
postkort, et	Postkarte
problem, et	Problem
pronomen	Pronomen
præsens	Präsens
pude, en	Kissen
puls, en	Puls
pung, en	Portemonnaie, Geldbörse
pæn	nett, hübsch, schön
pølse, en	Wurst
radio, en	Radio
regne, at	rechnen
regnvejr, et	Regenwetter
rejse, at	reisen
rigtig	richtig

ringe, at	anrufen, läuten, klingeln
roman, en	Roman
romantisk	romantisch
rose, en	Rose
ryge, at	rauchen
rød	rot
rødvin, en	Rotwein
saftig	saftig
salg, et	Verkauf
sammen	zusammen
sang, en	Gesang
schweizerur, et	Schweizeruhr
se, at	sehen
seng, en	Bett
sidde, at	sitzen
side, en	Seite
sige, at	sagen, sprechen
singularis	Singular
situation, en	Situation
skab, et	Schrank
skak, en	Schach
skakklub, en	Schachklub
skal	soll, wird
	[Präsens von at skulle = sollen, werden]
skib, et	Schiff
skinke, en	Schinken
skjorte, en	Hemd
skole, en	Schule
skrive, at	schreiben
skulle, at	sollen
slips, et	Schlips, Krawatte
smuk	schön, hübsch
små	klein
snakke, at	reden, plaudern
sodavand, en	Selterswasser, Sprudel
sofa, en	Sofa
sol, en	Sonne
sommer, en	Sommer
sort	schwartz
sove, at	schlafen
soveværelse, et	Schlafzimmer
spil, et	Spiel
spille, at	spielen
spise, at	essen, speisen

sprog, et	Sprache
spørgende	fragend
spørgmål, et	Frage
station, en	Station, Bahnhof
stol, en	Stuhl
stor	gross
student, en	Student
studere, at	studieren
stue, en	Stube
stykke, et	Stück
stå, at	stehen
subjekt, et	Subject
substantiv, et	Substantiv
sulten	hungrig
supermarked, et	Supermarkt
suppe, en	Suppe
sur	sauer
svare, at	antworten
svigermor, en	Schwiegermutter
svømme, at	schwimmen
syg	krank
synge, at	singen
sælge, at	verkaufen
sætning, en	Satz
sød	süss
søn, en	Sohn
søndag, en	Sonntag
søster, en	Schwester
tabe, at	verlieren
tage, at	nehmen
tak	danke, Dank
tale, at	sprechen
taske, en	Tasche
teater, et	Theater
tekst, en	Text
telefon, en	Telephon
tennis, en	Tennis
til	nach, zu, bis
tirsdag, en	Dienstag
tjener, en	Kellner, Ober, Diener
tom	leer
tomat, en	Tomate
torsdag, en	Donnerstag
traktor, en	Traktor

træt	müde
tulipan, en	Tulpe
tung	schwer
tur, en	Tour, Ausflug
tyk	dick
tynd	dünn
tæppe, et	Teppich, Decke
tøj, et	Kleider
ubestemt	unbestimmt
ud	aus, heraus, hinaus
uden	ohne
uhyggelig	unheimlich, ungemütlich
uinteressant	uninteressant
umoderne	unmodern
undskyld	Entschuldigung
universitet, et	Universität
ur, et	Uhr
usund	ungesund
vand, et	Wasser
varm	warm
vaske, at	waschen
ved	wissen [Präsens von at vide = wissen]
ved	bei, an, durch, um, auf, mit, im
vejr, et	Wetter
ven, en	Freund
verballed, et	Prädikat, Satzaussage
verbum, et	Verb
vi	wir
video, en	Video
videobånd, et	Videoband
vil	will, [Präsens von at ville = wollen]
ville, at	wollen
vin, en	Wein
vindrue, en	Weintraube
violin, en	Violine, Geige
viskelæder, et	Radiergummi
værsgo	bitte (schön)
våd	nass
weekend, en	Wochenende
wienerbrød, et	Kopenhagener Gebäck
æble, et	Apfel

økologi, en	Ökologie
økonomi, en	Wirtschaft, Ökonomie
øl, en	Bier
østriger, en	Österreicher
øvelse, en	Übung
år, et	Jahr